D0529755

LISTA DE CONTENIDOS DEL CD

1 Cuento (incluye canciones y melodías)
2 Tema principal
3 "Trote de caballo"
4 "Caída de la tarde"
5 "Amanecer"
6 "Los animales de mi corral"
7 "Me llamo Platero"
8 Sonidos

Voz de Irene: Carmen Pérez Varela
Voz de Pablo: Mario Martín Higuera
Narración: Elisa Higuera Rodríguez
Técnico de sonido: Jesús Soto
Música y canciones: José Manuel Mañanas y Mª Jesús del Olmo

Diseño de cubierta: Pablo Núñez
Maquetación: Lucía Gómez
Dirección editorial: María Castillo
Coordinación editorial: Teresa Tellechea
© del proyecto y creación musical: María Jesús del Olmo y José Manuel Mañanas, 2006
texto de Carlos Reviejo
© de las ilustraciones: Margarita Menéndez, 2006
© Ediciones SM, 2006 - Impresores, 15 - Urbanización Prado del Espino
28660 Boadilla del Monte (Madrid)

CENTRO INTEGRAL DE ATENCIÓN AL CLIENTE
Tel.: 902 12 13 23 • Fax: 902 24 12 22
clientes@grupo-sm.com

ISBN: 84-675-0839-6
Impreso en China / *Printed in China*

IRENE Y PABLO EN LA GRANJA

Mª JESÚS DEL OLMO
JOSÉ MANUEL MAÑANAS
CARLOS REVIEJO

ILUSTRACIONES
MARGARITA MENÉNDEZ

—¿QUÉ OS PARECE SI ESTE FIN DE SEMANA VAMOS A VISITAR A LOS TÍOS A SU GRANJA? —DICE PAPÁ.

—¡BIEN! —EXCLAMA IRENE.

—¡BIEN! —DICE PABLO, QUE REPITE TODO LO QUE DICE SU HERMANA.

PARA IR A LA GRANJA DEL TÍO PEPE Y LA TÍA CARMEN, VAN EN EL TREN.
A TRAVÉS DE LAS VENTANILLAS, VEN PASAR A TODA VELOCIDAD
LOS ÁRBOLES Y LOS POSTES DE LA LUZ...

EN LA ESTACIÓN LOS ESPERAN EL TÍO PEPE Y LA TÍA CARMEN.
EL TÍO PEPE HA IDO EN UN CARRO TIRADO POR UN CABALLO BLANCO.
−¡QUÉ ALEGRÍA! −DICE IRENE AL VERLO.
−¿PODEMOS IR IRENE Y YO EN EL CARRO? −PREGUNTA PABLO.

EL TREN SE ALEJA DE LA ESTACIÓN PITANDO,
Y TODOS EMPRENDEN EL VIAJE HACIA LA GRANJA.
EL ABUELO, PAPÁ Y MAMÁ MONTAN CON LA TÍA CARMEN EN LA FURGONETA.
PABLO E IRENE VAN EN EL CARRO.
LES GUSTA VER EL CAMPO, OÍR LOS SONIDOS DE LAS CAMPANILLAS
Y EL TROTE DEL CABALLO.

LOS TÍOS VIVEN EN UNA CASA DE CAMPO.
JUNTO A ELLA, HAY UNA HUERTA Y UNA PEQUEÑA GRANJA.
CUANDO LLEGAN, LES RECIBE CON SUS LADRIDOS UN PERRO
QUE, ENTRE JADEOS, LES LAME CON SU ENORME LENGUA ROSA.

A LA CAÍDA DE LA TARDE, COMO TODAVÍA HACE FRESCO,
SE SIENTAN ALREDEDOR DEL FUEGO.
LOS LEÑOS CHISPORROTEAN Y LAS LLAMAS ILUMINAN LA SALA.
ENTONCES, EL TÍO PEPE LES CUENTA VIEJAS HISTORIAS.

AL AMANECER, LOS GALLOS CANTAN ANUNCIANDO EL DÍA.
FUERA SE OYE UN MOTOR.
IRENE SE ASOMA A LA VENTANA, Y VE AL TÍO PEPE
QUE ACARREA HENO PARA LAS VACAS EN UN TRACTOR.

DESPUÉS DE DESAYUNAR, PABLO E IRENE VAN AL ESTABLO.
LES GUSTA VER ORDEÑAR LAS VACAS.
A PABLO YA NO LE ASUSTAN LOS MUGIDOS COMO EL PASADO AÑO,
Y SE ACERCA A UN TERNERO Y LE ACARICIA.

EN EL ESTABLO TAMBIÉN HAY OVEJAS, QUE BALAN SIN PARAR.
—AYUDADME A DAR DE COMER A LOS ANIMALES —LES PIDE SU TÍO.

14

Pío, Pío, Pío

Pío, Pío, Pío

Pío, Pío, Pío

FUERA SE OYE EL ALBOROTO QUE HACEN LOS PÁJAROS.
ESTÁN POSADOS EN LOS ÁRBOLES FRUTALES.
—SE VAN A COMER TODA LA FRUTA —DICE LA TÍA CARMEN.
—HEMOS PUESTO UN ESPANTAPÁJAROS,
PERO LOS PÁJAROS NO SE ASUSTAN —LES EXPLICA EL TÍO PEPE.

15

JUNTO AL ESTABLO HAY UNA ALAMBRADA, Y DENTRO ESTÁN LAS GALLINAS,
QUE PICOTEAN LOS GRANOS DE TRIGO DEL COMEDERO.
PABLO SE METE DENTRO DE LA ALAMBRADA,
Y LAS GALLINAS SE ALBOROTAN Y CACAREAN.

¡PÍO, PÍO!

¡PÍO, PÍO!

CUANDO EL GALLO VE A PABLO, SE DIRIGE A ÉL DESAFIANTE.
PABLO, ASUSTADO, ECHA A CORRER PERSEGUIDO POR EL GALLO.
—¡QUE ME PICA! ¡QUE ME PICA! —GRITA DANDO VUELTAS
DENTRO DE LA ALAMBRADA.

POR FIN, EL ABUELO ABRE LA PUERTA, Y PABLO SALE CORRIENDO.
DENTRO, EL GALLO AHUECA LAS ALAS Y LANZA UN SONORO "QUIQUIRIQUÍ".

DESPUÉS DEL SUSTO, PABLO E IRENE SE ACERCAN
A UN PEQUEÑO ESTANQUE. ALLÍ ESTÁN LOS PATOS.
—MIRA ESA PATA, LLEVA DETRÁS DIEZ PATITOS —SEÑALA IRENE.
—¡SON AMARILLOS! —DICE PABLO.

CUA, CUA, CUA, CUA, CUA

Los animales
de mi corral
aunque no hablan
saben cantar.

Mi pata tiene diez patos,
que van nadando detrás,
y los diez al mismo tiempo
van haciendo "cua, cua, cua".

Los animales
de mi corral...

Van detrás de mi gallina
diez pollitos amarillos,
y los diez al mismo tiempo
van diciendo "pío, pío".

¡PÍO, PÍO! ¡PÍO, PÍO! ¡PÍO, PÍO!

¡BEEEEEE!

Los animales
de mi corral...

Mi oveja tiene un cordero,
vestido de blanca lana,
y va detrás de la oveja
balando bala que bala.

¡BEEEE!

Los animales
de mi corral...

Diez gatos tiene mi gata,
negro el rabito, blancos los pies,
y van detrás de la gata
diciendo "miau, miau" los diez.

¡MIAU!
¡MIAU!

¡HI, HO!
¡HI, HO!

SE OYE UN REBUZNO Y TODOS ACUDEN A VER AL BURRO,
QUE MORDISQUEA UNAS HIERBAS EN EL PRADO.
—SE PARECE A PLATERO —DICE MAMÁ.
—¿Y QUIÉN ES PLATERO? —PREGUNTA PABLO.
—EL BURRITO DE UN POETA —ACLARA PAPÁ.

EL TÍO PEPE MONTA A LOS NIÑOS SOBRE EL LOMO DEL BURRO
Y LOS LLEVA A DAR UN PASEO POR EL CAMPO.
CUANDO REGRESAN, VIENEN CON UNOS RAMOS
DE FLORES BLANCAS Y ROSAS.

PARA MERENDAR, LA TÍA CARMEN HA PREPARADO
REBANADAS DE PAN CON QUESO Y MIEL.
—EL QUESO LO HACEMOS NOSOTROS —LES DICE.
—Y LA MIEL ES DE NUESTRAS COLMENAS —AÑADE EL TÍO PEPE.

EL FIN DE SEMANA TERMINA,
Y LA TÍA CARMEN Y EL TÍO PEPE LOS LLEVAN A LA ESTACIÓN.
DESDE EL TREN, ASOMADOS A LA VENTANILLA,
DICEN ADIÓS CON LAS MANOS.
EL TREN PITA Y SE PONE EN MARCHA.

¡PÍ, PÍÍÍÍ! ¡CHUCU, CHUCU, CHUUU!

IRENE Y PABLO LO HAN PASADO MUY BIEN.
–¿CUÁNDO VOLVEREMOS? –PREGUNTAN.
–EN PRIMAVERA –CONTESTA PAPÁ.

¡CHUCU, CHUCU, CHUUU!

CON EL RITMO DEL TREN SE ADORMILAN,
Y CON LOS OJOS CERRADOS,
VAN PENSANDO EN TODO LO QUE HAN HECHO,
DESEANDO QUE LLEGUE OTRA VEZ LA PRIMAVERA.

La música como herramienta terapéutica

La respuesta a la música por parte del niño es algo espontáneo y natural. Mucho antes de comunicarse con palabras, el niño se comunica a través de sonidos, balbuceos. Por ello es muy importante tener en cuenta todos estos recursos musicales y sonoros que el niño posee desde muy pequeño. Los bebés imitan nuestros patrones del habla con sonidos, y disfrutan de la música a través del movimiento y del uso de los objetos musicales como el sonajero, ya que esto favorece su creatividad y socialización.

La melodía es un elemento musical que está en el habla. Entonamos al hablar y al comunicarnos con los demás, y nuestro tono indica cómo es nuestra emoción.

Utiliza la melodía de tu voz cantando o hablando al niño para expresar tus sentimientos, y ayúdale a reconocer los suyos a través del reconocimiento del tono de su voz.

Esta colección ofrece la posibilidad de utilizar los diferentes sonidos y melodías del CD, no solo como soporte a la lectura del cuento, sino como recurso musical terapéutico y didáctico en la interacción con el niño.

Cantar, tocar y escuchar

Puedes usar las melodías del CD para trabajar las emociones con el niño. Una melodía lenta, suave y calmada producirá en él sensaciones de tranquilidad y le relajará, al mismo tiempo que le hará centrarse en su actividad. Aprovecha estos momentos para hablar con él, para expresarle tus emociones y escuchar las suyas.

Una canción rápida le energetizará: úsala para trabajar el movimiento, la desinhibición y como elemento socializante, ya que el bailar juntos promueve y facilita el sentimiento de grupo.

SUGERENCIAS TERAPÉUTICAS Y DIDÁCTICAS

Tema	Para qué	Cuándo	Con quién
Tema principal	Es un tema que estimula y energetiza al niño, mantiene la atención y sirve de alerta.	Como llamada musical que anuncia algo al niño: la hora de la comida, la hora de salir o ir al "cole".	Con niños a partir de los 2 años.
"Trote de caballo"	Para trabajar el movimiento del trote. Los niños lo reconocen y realizan con facilidad. Trabaja con él la psicomotricidad.	Al jugar en el parque, en el jardín o en casa.	Con niños a partir de los 3 años. Aunque de 2 a 3 años tengan dificultad en el trote no te preocupes: ellos lo sustituyen por el salto.
"Caída de la tarde"	Relajante y sugerente, para arrullar o tranquilizar al niño.	A la hora de dormir, después de un día especialmente intenso.	Como canción de cuna para bebés. Como melodía para dormir a los niños de hasta 6 años.
"Amanecer"	Para ponerse a trabajar: nos prepara para las tareas del día.	Cuando estamos desayunando o llevamos un tiempo despiertos.	Con niños a partir de los 3 años.
"Los animales de mi corral"	Para aprender los sonidos de los animales a través del movimiento y los gestos.	En casa o en el colegio, para aprender solos o con los demás.	Con niños a partir de los 2 años.
"Me llamo Platero"	Para trabajar las emociones y favorecer la autoestima: el texto y la música son muy directos y promueven este sentimiento.	Cuando el niño tenga problemas de socialización o rechazo.	Con niños a partir de los 3 años.